AIRFRYER

LE ROBOT QUI CUIT **TOUT**

Guillaume Marinette
Photographies de Valéry Guédès
Stylisme Élisabeth Guédès

AIRFRYER

LE ROBOT QUI CUIT **TOUT**

MARABOUT

SOMMAIRE

PHILIPS
180°C
0 min
Rapid CombiAir Technology

Carnet pratique

PHILIPS
180

Comment utiliser le robot ?

Ce robot va devenir un indispensable dans votre cuisine, il peut remplacer de nombreux appareils tels que la friteuse, le four, et même le micro-ondes ! Vous serez étonné.e par la facilité et la rapidité avec lesquelles vous réaliserez vos recettes. Avec l'Airfryer les bons petits plats, croustillants à l'extérieur et moelleux à cœur, n'auront plus de secrets pour vous !

FONCTIONNEMENT

L'Airfryer a une technologie unique : l'air chaud circule à une vitesse de 70 km/h dans votre robot. La vitesse et la forme particulière de la cuve permettent une cuisson homogène et une circulation d'air bien plus rapide qu'un four traditionnel.

Le robot est aussi idéal pour une cuisine plus saine : en effet, il demande peu, ou pas, de matières grasses et ceci sans faire de concession sur le croustillant. La peau du poulet rôti sera exceptionnelle et je ne parle pas des nuggets et autres préparations panées qui sont à tomber !

Facile d'utilisation, l'Airfryer est doté d'un contenant et d'un panier. Ce panier est d'une capacité variable selon les différents modèles et peut contenir jusqu'à un poulet entier ! De plus, l'Airfryer ne dégage que très peu d'odeurs : à vous les frites en intérieur sans les odeurs de gras persistantes !

Le modèle utilisé dans ce livre est le Philips Airfryer Série 7000 XXL+. Il est doté d'une sonde de température qui permet de demander au robot d'atteindre une température à cœur donnée. De ce fait, le robot se débrouille seul et calcule le temps et la température de cuisson nécessaires pour atteindre cette température idéale. C'en est donc fini des viandes trop ou pas assez cuites !

FACILE D'ENTRETIEN

La cuve et le panier du robot se lavent facilement au lave-vaisselle ou à la main. Pour encore plus de facilité, la grille de l'Airfryer est déclipsable.

Pour l'intérieur, un peu de nettoyage sera nécessaire de temps en temps ; mais rassurez-vous, rien à voir a vec le lavage d'un four ! Un simple coup d'éponge humide avec un peu de produit vaisselle sera suffisant. Et puisque ce robot est intelligent, il détecte le moment où il faut le nettoyer !

Un simple chiffon humide suffira pour laver régulièrement l'extérieur.

Conseils

AVERTISSEMENTS

Avant toute chose, suivez les mises en garde du mode d'emploi de votre machine.

Laissez un espace libre autour et au-dessus de l'appareil.

Faites attention à la vapeur et à l'air chauds qui s'échappent des sorties d'air lorsque vous cuisez et que vous retirez la cuve de l'appareil.

N'utilisez jamais d'aliments légers ou du papier d'emballage dans l'appareil.

Mettez toujours les aliments à frire dans le panier afin d'éviter qu'ils n'entrent en contact avec les résistances.

Veillez à ce que la quantité de nourriture utilisée ne dépasse pas le niveau maximal indiqué pour le panier.

Si vous voulez enchaîner plusieurs cuissons, et notamment de viandes, pensez a minima à rincer la cuve entre chaque cuisson, car le gras de la viande y tombe et peut brûler.

Séchez bien les pièces du robot avant de le ranger.

UNE CUISSON INRATABLE !

La technologie de chauffe ultrarapide de l'Airfryer lui permet de remplacer de nombreux appareils ménagers. Il peut s'utiliser de manière manuelle en réglant vous-même le temps, la température et le débit d'air. Vous pouvez aussi vous reposer sur les modes de cuisson embarqués de l'appareil. Dites-lui ce que vous cuisinez, et il s'occupe de savoir comment le cuire. Quand l'appareil détecte que le plat est cuit, il vous prévient et vous laisse choisir si c'est bon pour vous ou s'il faut prolonger encore un peu la cuisson. Les temps de cuisson indiqués dans les recettes peuvent varier légèrement selon le modèle utilisé.

POUR TOUT FRIRE

Dites au revoir à votre friteuse, à son nettoyage fastidieux et à ses mauvaises odeurs !
L'air pulsé de votre Airfryer sera aussi efficace pour vos frites, nuggets et autres panures. Grâce à la faible quantité d'huile nécessaire, vos produits frits ne seront pas gras et conserveront le croustillant si caractéristique d'une bonne friteuse.

POUR TOUT GRILLER

Grâce à sa montée en température rapide, l'Airfryer pourra griller vos graines, votre pain ou autres. C'est idéal pour réchauffer ou faire dorer rapidement des ingrédients.

POUR TOUT RÔTIR

L'Airfryer peut remplacer sans aucun problème votre four. Il rôtit les viandes à la perfection grâce à sa sonde de température et à ses modes intelligents.
Il cuit à la perfection les légumes également.

POUR VOS TARTES, PÂTISSERIES & PIZZAS

Une fois dans votre Airfryer, vos tartes, tartelettes et pizzas seront aussi parfaites que dans votre four avec une cuisson plus rapide !

POUR VOS MIJOTÉS

Grâce aux plats compatibles à l'Airfryer, il est possible de préparer des plats complets ou mijotés dans l'Airfryer sans aucune difficulté. On peut faire des cuissons douces et lentes. L'appareil peut même penser à votre place pour vous rappeler quand mélanger !

POUR TOUT RÉCHAUFFER

Avec l'Airfryer à disposition immédiate, vous allez reléguer le micro-ondes au second plan !
Puisqu'il n'a quasiment aucun temps de préchauffe, l'Airfryer est capable de réchauffer très rapidement vos plats, sans devoir faire de concession sur la qualité des produits. Les produits ramollis par le micro-ondes est un lointain souvenir.

Tableau des cuissons

Ingrédients	Temps (min)	Température	Remarque
Frites maison	18-35	180 °C	• Faites tremper 30 minutes dans de l'eau froide ou 3 minutes dans de l'eau tiède (40 °C), séchez puis ajoutez 1 cuillère à soupe d'huile pour 500 g. • Secouez, tournez, ou mélangez à mi-cuisson.
Quartiers de pommes de terre maison	20-42	180 °C	• Faites tremper 30 minutes dans l'eau, séchez et ajoutez 1/4 à 1 cuillère à soupe d'huile. • Secouez, tournez, ou mélangez à mi-cuisson.
En-cas surgelés (nuggets de poulet)	7-18	180 °C	• Vos nuggets sont prêts lorsqu'ils sont dorés et croustillants à l'extérieur. • Secouez, tournez, ou mélangez à mi-cuisson.
En-cas surgelés (petits nems)	14-16	180 °C	• Vos nems sont prêts lorsqu'ils sont dorés et croustillants à l'extérieur. • Secouez, tournez, ou mélangez à mi-cuisson.
Blancs de poulet	18-22	180 °C	
Bâtonnets de poulet panés	10-15	180 °C	• Ajoutez de l'huile pour la chapelure. Vos bâtonnets sont prêts lorsqu'ils sont bien dorés.
Ailes de poulet	14-18	180 °C	• Secouez, tournez, ou mélangez à mi-cuisson.
Côtelettes désossées	10-13	200 °C	
Hamburger	10-15	200 °C	
Saucisses épaisses	12-15	200 °C	
Saucisses fines	9-12	200 °C	
Rôti de porc	40-60	180 °C	• Laissez reposer pendant 5 minutes avant de découper.
Filets de poisson	9-20	160 °C	• Afin d'éviter qu'ils ne collent, placez la peau vers le bas et ajoutez un peu d'huile.

Ingrédients	Temps (min)	Température	Remarque
Fruits de mer	10-25	180 °C	• Secouez, tournez, ou mélangez à mi-cuisson.
Gâteau	28	180 °C	• Utilisez un moule à gâteau.
Muffins	12-14	180 °C	• Utilisez des moules à muffins en silicone résistant à la chaleur.
Quiche	15	180 °C	• Utilisez un plat ou une plaque de cuisson.
Pain grillé / petits pains	6-7	180 °C	
Pain frais	38	160 °C	• La forme doit être aussi plate que possible afin d'éviter que le pain ne touche la résistance lorsqu'il gonfle.
Petits pains frais	18-20	160 °C	
Châtaignes	15-30	200 °C	• Secouez, tournez, ou mélangez à mi-cuisson.
Mélange de légumes (hachés grossièrement)	10-20	200 °C	• Réglez le temps de cuisson selon vos préférences. • Secouez, tournez, ou mélangez à mi-cuisson.

Apéritif

Champignons farcis

Pour
4 PERS.

Préparation
10 MIN

Cuisson
14 MIN

---

250 g de shiitakés
½ poivron
1 gousse d'ail fraîche
6 brins de persil
200 g de chair à saucisse
30 g puis 20 g de chapelure ou de panko
1 cuillerée à soupe de sauce soja
1 pincée de gingembre moulu

1. Nettoyer les champignons et retirer les pieds. Couper les pieds en petits morceaux.
2. Découper le poivron en petits dés et émincer l'ail finement.
3. Ciseler le persil.
4. Mélanger tous les ingrédients de la farce, sauf les 20 g restants de chapelure.
5. Une fois le mélange homogène, garnir les champignons puis les saupoudrer avec la chapelure restante.
6. Placer les champignons dans le panier de l'Airfryer puis cuire à 180 °C pendant 14 minutes.
7. Déguster tiède ou chaud.

Nachos & leur guacamole

Pour
6 PERS.

Préparation
10 MIN

Cuisson
4 MIN

---

6 fajitas
1 filet d'huile d'olive

Guacamole
3 avocats mûrs
½ oignon rouge finement haché
1 tomate coupée en petits dés
¼ de bouquet de coriandre fraîche finement hachée
1 gousse d'ail finement hachée
Le jus d'un citron vert
Piments jalapeños émincés (facultatif)

1. Découper les fajitas en triangles.
2. Verser un filet d'huile d'olive sur les nachos et les placer dans le panier de l'Airfryer en faisant attention qu'ils ne se superposent pas trop.
3. Cuire 4 minutes à 180 °C. Mélanger à mi-cuisson, et poursuivre la cuisson si les nachos ne sont pas assez croustillants.
4. Écraser la chair des avocats épluchés à l'aide d'une fourchette ou d'un pilon jusqu'à ce qu'elle soit lisse.
5. Ajouter l'oignon rouge et la tomate coupés en petits cubes, la coriandre ciselée, l'ail, le jus de citron vert à la chair d'avocat. Mélanger jusqu'à ce que tous les ingrédients soient bien incorporés.
6. Ajouter les piments jalapeños émincés si vous le souhaitez.
7. Servir immédiatement avec les nachos. Filmer au contact le guacamole si vous ne l'utilisez pas immédiatement afin qu'il ne s'oxyde pas.

Pois chiches grillés au curcuma & au zaatar

Pour
6 PERS.

Préparation
10 MIN

Cuisson
14 MIN

---

400 g de pois chiches en conserve
1 cuillerée à soupe de curcuma en poudre
1 cuillerée à soupe de zaatar
1 filet d'huile d'olive

1. Égoutter et sécher les pois chiches.
2. Mélanger les pois chiches avec les épices et l'huile d'olive.
3. Placer les pois chiches dans le panier de l'Airfryer et cuire 14 minutes à 190 °C. Remuer deux fois au cours de la cuisson.
4. Vous pouvez déguster les pois chiches une fois qu'ils sont croustillants.

Chips de légumes

Pour
6 PERS.

Préparation
10 MIN

Cuisson
15 MIN

4 carottes
2 panais
1 betterave
1 filet d'huile d'olive
1 cuillerée à soupe d'herbes de Provence
1 pincée de fleur de sel

1. Après avoir épluché les légumes et les avoir coupés en fines tranches à l'aide d'une mandoline, les placer dans un saladier.
2. Ajouter un filet d'huile d'olive et les herbes de Provence. Bien mélanger.
3. Verser le tout dans le bac de l'Airfryer puis lancer la cuisson pour 15 minutes à 160 °C.
4. Retourner les chips toutes les 5 minutes.
5. Laisser refroidir et ajouter une pincée de fleur de sel.
6. Déguster aussitôt ou conserver 48 heures dans une boîte hermétique.

Frites d'avocat & leur sauce au yaourt

Pour
2 PERS.

Préparation
10 MIN

Cuisson
10 MIN

---

2 avocats
2 cuillerées à soupe de jus de citron vert
100 g de farine
100 g de chapelure
50 g de parmesan râpé
½ cuillerée à café de piment d'Espelette
1 pincée de sel
1 pincée de poivre

Sauce au yaourt
150 g de yaourt grec
1 filet d'huile d'olive
2 cuillerées à soupe de ciboulette

1. Couper les avocats en frites. Faire tremper les frites dans le jus de citron vert.
2. Dans un récipient, mélanger la farine, la chapelure, le parmesan, la pincée de piment d'Espelette, le sel et le poivre.
3. Enrober chaque frite d'avocat dans la panure.
4. Placer les frites d'avocat dans le panier de l'Airfryer (ne pas les superposer).
5. Faire frire pendant 8 à 10 minutes à 180 °C, ou jusqu'à ce que les frites d'avocat soient dorées et croustillantes.
6. Mélanger le yaourt grec avec l'huile d'olive et la ciboulette.
7. Servir chaud, accompagné de sauce au yaourt.

Raviolis panés

Pour
4 PERS.

Préparation
10 MIN

Cuisson
10 MIN

---

50 g de farine
50 g de chapelure
250 g de raviolis frais au goût de votre choix
1 œuf battu

1. Mélanger la farine et la chapelure dans un récipient.
2. Tremper les raviolis dans l'œuf battu.
3. Tremper les raviolis dans la panure.
4. Placer les raviolis dans le panier de l'Airfryer en évitant qu'ils ne se superposent.
5. Cuire 8 à 10 minutes à 180 °C dans votre Airfryer.
6. Déguster chaud avec les sauces de votre choix.

APÉRITIF

Sticks de mozzarella au paprika

Pour
4 PERS.

Préparation
10 MIN

Cuisson
8 MIN

1 cuillerée à soupe de paprika
100 g de chapelure
100 g de farine
2 œufs battus
250 g de mozzarella spéciale cuisine

1. Mélanger le paprika et la chapelure et placer la préparation dans un bol.

2. Placer la farine, et les œufs battus dans deux bols distincts.

3. Couper la mozzarella en bâtonnets.

4. Plonger les bâtonnets de mozzarella dans la farine, puis dans les œufs battus et enfin dans la chapelure. Réaliser cette étape deux fois pour que la panure soit suffisamment épaisse pour contenir le fromage coulant.

5. Placer les sticks dans le panier de l'Airfryer, en évitant de les superposer. Cuire 8 minutes à 180 °C.

6. Déguster chaud.

Chips de farfalle aux épices

Pour
4 PERS.

Préparation
10 MIN

Cuisson
10 MIN

100 g de farfalle
50 g de parmesan
½ cuillerée à café de curcuma
½ cuillerée à café de paprika
1 œuf
2 cuillerées à soupe d'huile d'olive

1. Faire cuire les farfalles selon les indications sur le paquet. Rincer les pâtes abondamment à l'eau claire.
2. Mélanger le parmesan avec les épices.
3. Tremper les pâtes dans l'œuf battu puis dans le mélange au parmesan.
4. Cuire les pâtes 10 minutes à 180 °C dans le panier de l'Airfryer en faisant attention à ne pas trop les superposer.
5. Déguster chaud, tiède ou froid à l'apéritif et assaisonner avec l'huile d'olive.

Sablés
persil & parmesan

Pour
4 PERS.

Préparation
10 MIN

Cuisson
12 MIN

---

230 g de beurre mou
100 g de parmesan râpé
125 g de farine tout usage
50 g de chapelure
25 g de persil haché
Sel et poivre

1. Dans un bol, mélanger le beurre et le parmesan jusqu'à obtenir une pâte lisse.
2. Ajouter la farine, la chapelure, le persil, le sel et le poivre, et mélanger jusqu'à ce que le mélange soit homogène.
3. Former des boules de pâte de la taille d'une noix et les disposer dans le panier de l'Airfryer recouvert de papier cuisson.
4. Appuyer légèrement sur chaque boule avec le dos d'une fourchette pour faire une décoration et les aplatir légèrement.
5. Enfourner les sablés pendant 10 à 12 minutes à 180 °C, jusqu'à ce qu'ils soient dorés.
6. Laisser refroidir les sablés dans le panier ouvert pendant quelques minutes avant de les déplacer sur une grille pour finir de refroidir.

Focaccia au romarin

Pour
4 PERS.

Préparation
10 MIN

Repos
1 H 20

Cuisson
15 MIN

---

10 g de levure de boulanger fraîche
(ou 4 g de sèche)
500 g de farine type 45 ou gruau
15 ml d'huile d'olive
8 g de sel

Émulsion
50 ml d'eau
50 ml d'huile d'olive
1 cuillerée à café de sel ou fleur de sel
1 cuillerée à soupe de romarin

1. Dans un grand bol, mélanger 300 ml d'eau tiède et la levure. Laisser reposer pendant environ 10 minutes.
2. Ajouter la farine et l'huile d'olive au mélange de levure, et mélanger jusqu'à ce que la pâte soit lisse et élastique. Incorporer le sel. Si elle est trop collante, ajouter un peu de farine. Si elle est trop sèche, ajouter un peu d'eau.
3. Étaler la pâte sur du papier cuisson de la taille du panier de votre Airfryer.
4. Placer la focaccia dans le panier et laisser reposer 1 heure.
5. Mélanger les ingrédients de l'émulsion.
6. Faire des petits creux sur la surface de la focaccia avec les doigts, puis verser l'émulsion en faisant attention de ne pas verser à côté.
7. Laisser reposer la focaccia pendant 20 minutes.
8. Préchauffer votre Airfryer à 220 °C et enfourner la focaccia pendant 15 minutes, jusqu'à ce qu'elle soit dorée et croustillante.
9. Sortir la focaccia de l'Airfryer et la laisser refroidir légèrement avant de la couper en tranches.

Olives panées
au parmesan

Pour
4 PERS.

Préparation
10 MIN

Cuisson
8 MIN

---

50 g de panko (chapelure asiatique, dans le rayon produits du monde)
50 g de parmesan
1 œuf battu
100 g de grosses olives vertes dénoyautées

1. Mélanger le panko et le parmesan et placer la préparation dans un bol.
2. Placer l'œuf battu dans un bol.
3. Plonger les olives dans l'œuf battu puis dans le panko.
4. Placer les olives dans le panier de l'Airfryer, en évitant de les superposer. Cuire 8 minutes à 180 °C.
5. Déguster chaud ou tiède.

Nems à l'emmental & guacamole

Pour
6 PERS.

Préparation
10 MIN

Cuisson
10 MIN

200 g d'emmental en bloc
6 feuilles de brick
1 œuf battu

Guacamole
3 avocats mûrs
½ oignon rouge finement haché
1 tomate coupée en petits dés
¼ de bouquet de coriandre fraîche finement hachée
1 gousse d'ail finement hachée
Le jus d'un citron vert
Piments jalapeños émincés (facultatif)
Feuilles de coriandre (facultatif)

1. Découper l'emmental en bâtonnets de l'épaisseur d'un nem.
2. Placer chaque bâtonnet sur une feuille de brick et replier les côtés sur la feuille de brick. Rouler le tout bien serré.
3. À l'aide d'un pinceau alimentaire, dorer les nems avec l'œuf battu puis les placer dans le panier de l'Airfryer recouvert d'une feuille de papier cuisson.
4. Cuire 10 minutes à 180 °C. Activer le maintien au chaud si vous n'avez pas fini le guacamole le temps de la cuisson.
5. Écraser la chair des avocats épluchés à l'aide d'une fourchette ou d'un pilon jusqu'à ce qu'elle soit lisse.
6. Ajouter l'oignon rouge et la tomate coupés en petits cubes, la coriandre ciselée, l'ail, le jus de citron vert à la chair d'avocat. Mélanger jusqu'à ce que tous les ingrédients soient bien incorporés.
7. Ajouter les piments jalapeños émincés et/ou de la coriandre si vous le souhaitez.
8. Servir immédiatement avec les nems. Filmer au contact le guacamole si vous ne l'utilisez pas immédiatement afin qu'il ne s'oxyde pas.

Piment farci à la ricotta & au lard

Pour
6 PERS.

Préparation
10 MIN

Cuisson
10 MIN

---

6 piments verts et rouges
125 g de ricotta
Le zeste d'un ½ citron râpé
3 brins de persil
12 tranches de lard

1. Découper les piments en deux dans le sens de la longueur et retirer les graines.
2. Mélanger la ricotta avec le zeste de citron et le persil ciselé.
3. Garnir les demi-piments avec la ricotta.
4. Enrouler une tranche de lard autour de chaque demi-piment farci.
5. Placer les piments dans le panier de l'Airfryer, 10 minutes à 180 °C.
6. Déguster tiède ou chaud.

Champignons panés

Pour
6 PERS.

Préparation
10 MIN

Cuisson
10 MIN

250 g de champignons de Paris bruns
1 œuf
100 g de panko (chapelure asiatique)

1. Nettoyer les champignons et supprimer toute trace de terre.
2. Battre l'œuf et le mettre dans un bol.
3. Tremper les champignons dans l'œuf battu puis le panko.
4. Placer les champignons dans le panier de l'Airfryer en évitant de les superposer.
5. Cuire 10 minutes à 200 °C.
6. Déguster chaud ou tiède.

Tomates cerises confites à l'ail

Pour
4 PERS.

Préparation
10 MIN

Cuisson
20 MIN

---

250 g de tomates cerises, lavées et équeutées
2 cuillerées à soupe d'huile d'olive
1 cuillerée à soupe de sucre
1 cuillerée à soupe de thym frais, haché
4 gousses d'ail
Sel et poivre

1. Dans un récipient, mélanger les tomates cerises, l'huile d'olive, le sucre, le thym, les gousses d'ail émincées, le sel et le poivre.
2. Placer la préparation dans un plat adapté au panier de l'Airfryer.
3. Faire cuire pendant 15 minutes à 200 °C, en remuant à mi-cuisson.
4. Poursuivre la cuisson 5 minutes de plus, ou jusqu'à ce que les tomates soient confites et légèrement caramélisées.
5. Servir chaud ou froid.

Graines de courge rôties aux épices

Pour
6 PERS.

Préparation
5 MIN

Cuisson
15 MIN

100 g de graines de courge
2 cuillerées à soupe d'huile d'olive
½ cuillerée à café d'ail en poudre
1 cuillerée à café de curry en poudre
½ cuillerée à café de curcuma
½ cuillerée à café de paprika
1 pincée de sel

1. Mélanger tous les ingrédients.
2. Placer la préparation dans le panier de l'Airfryer.
3. Enfourner 15 minutes à 150 °C.
4. Déguster tiède ou froid. Les graines peuvent se conserver, une fois refroidies, dans une boîte hermétique pendant près d'un mois.

Plats complets

Gnocchis épinards & poulet

Pour
2 PERS.

Préparation
10 MIN

Cuisson
15 MIN

1 filet de poulet
100 g de champignons de Paris
1 cube de bouillon de volaille
10 cl de crème liquide
50 g de parmesan
200 g de pousses d'épinards frais
160 g de gnocchis à poêler

Matériel
Plat à four ou accessoire de cuisson Airfryer

1. Découper le poulet en fines tranches.
2. Ciseler les champignons nettoyés en fines tranches.
3. Émietter le cube de bouillon et le mélanger avec la crème et le parmesan.
4. Après avoir nettoyé et trié les épinards, les mélanger avec les gnocchis et le poulet.
5. Dans un plat de l'Airfryer, ou dans un plat compatible à l'Airfryer, verser la préparation.
6. Recouvrir avec le mélange crème/parmesan et cuire 15 minutes à 190 °C.
7. Déguster bien chaud.

Poulet tikka massala & légumes rôtis

Pour
4 PERS.

Préparation
10 MIN

Repos
30 MIN AU MOINS

Cuisson
37 MIN

Tikka massala
4 filets de poulet
1 cuillerée à café de cumin
1 cuillerée à café de curcuma
1 cuillerée à café de garam masala
1 cm de gingembre frais
Le jus de 1 citron vert
1 gousse d'ail
1 oignon
1 tomate
150 g de yaourt grec
10 cl de lait ou de crème de coco
1 cuillerée à café de concentré de tomates
2 cuillerées à soupe d'huile d'olive
50 g de noix de cajou non salées

Légumes rôtis
1 tête de brocoli
½ potimarron
½ cuillerée à café de curcuma
1 filet d'huile d'olive

Accompagnement
600 g de riz cuit

1. Au minimum 30 minutes à l'avance, découper le poulet en cubes et le mélanger avec les épices, le gingembre râpé et le jus de citron. Laisser mariner au frais.
2. Émincer l'ail et l'oignon finement. Découper la tomate en cubes et mélanger tous les ingrédients ensemble, sauf le poulet.
3. Cuire le poulet 10 minutes à 180 °C dans le panier de l'Airfryer.
4. Placer le poulet et la préparation dans un plat adapté à l'Airfryer et poursuivre la cuisson 15 minutes. Réserver au chaud.
5. Découper les bouquets du brocoli et découper en petits cubes le potimarron (l'épluchage n'est pas nécessaire).
6. Mélanger les légumes avec le curcuma et un filet d'huile d'olive et cuire 12 minutes à 180 °C.
7. Servir le poulet tikka massala avec les légumes rôtis et du riz.

Curry de poulet & légumes

Pour
4 PERS.

Préparation
10 MIN

Cuisson
25 MIN

4 filets de poulet
1 cuillerée à soupe de curcuma
1 petite patate douce
1 banane plantain
1 cuillerée à soupe de pâte de curry jaune
20 cl de lait de coco
20 tomates cerises
3 brins de coriandre ciselée

Matériel
Plat à four ou accessoire de cuisson Airfryer

1. Découper le poulet en dés. Saupoudrer avec le curcuma et réserver.
2. Éplucher la patate douce et la couper en cubes.
3. Découper la banane plantain en tranches.
4. Délayer la pâte de curry jaune dans le lait de coco.
5. Mélanger tous les ingrédients, sauf la coriandre, et placer le tout dans un plat adapté à l'Airfryer.
6. Cuire 25 minutes à 180 °C.
7. Saupoudrer de coriandre ciselée et servir avec du riz. Déguster bien chaud.

Poivrons farcis

Pour
4 PERS.

Préparation
10 MIN

Cuisson
10 MIN

---

4 poivrons de la couleur de votre choix

Farce
100 g de champignons de Paris
2 gousses d'ail
½ bouquet de persil
300 g de chair à saucisse
60 g de riz cuit
1 pincée de piment d'Espelette
½ cuillerée à café de curcuma
40 g de fromage râpé de votre choix (emmental, mozzarella, raclette...)

1. Couper le haut des poivrons et vider les poivrons de toutes les graines mais aussi de toutes les parties blanches : elles donnent de l'amertume.
2. Découper les champignons en rondelles ou en brunoise selon votre goût.
3. Émincer l'ail et ciseler le persil.
4. Mélanger tous les ingrédients de la farce.
5. Garnir généreusement les poivrons.
6. Placer dans le panier de l'Airfryer et cuire 10 minutes à 180 °C.
7. Déguster chaud avec une salade.

Lasagnes

Pour
4 PERS.

Préparation
10 MIN

Cuisson
30 MIN

---

1 gousse d'ail
1 oignon
350 g de viande de bœuf hachée
1 cuillerée à soupe d'herbes de Provence
1 cube de bouillon de légumes
200 g de tomates pelées concassées
200 g de feuilles de lasagne
30 cl de béchamel
75 g de mozzarella râpée
1 filet d'huile d'olive

Matériel
Plat à four ou accessoire de cuisson Airfryer

1. Émincer l'ail finement et découper l'oignon en petits cubes.
2. Dans un plat adapté à l'Airfryer, avec un filet d'huile d'olive, cuire l'oignon 4 minutes à 180 °C et ajouter la viande hachée. Poursuivre la cuisson 2 minutes.
3. Quand la viande commence à colorer, ajouter les herbes de Provence, le cube de bouillon émietté, et les tomates concassées. Laisser mijoter 12 minutes à 180 °C.
4. Dans un plat adapté à l'Airfryer, placer des feuilles de lasagne. Recouvrir avec la moitié de la viande, puis recouvrir avec un tiers de la béchamel.
5. Ajouter une couche de lasagne, une couche de viande, une couche de béchamel.
6. Terminer avec une couche de feuilles de lasagne, une couche de béchamel et saupoudrer de mozzarella râpée.
7. Placer les lasagnes dans l'Airfryer et lancer la cuisson à 180 °C pendant 20 minutes.
8. Déguster bien chaud.

Œufs cocotte & fondue de poireaux

Pour
4 PERS.

Préparation
10 MIN

Cuisson
15 MIN

1 cuillerée à soupe d'huile de coco
2 poireaux, coupés finement
1 cuillerée à soupe de curry en poudre
10 cl de lait de coco
4 œufs
2 brins de persil

Matériel
Ramequins

1. Dans une poêle, faire fondre l'huile de coco à feu moyen et ajouter les poireaux. Cuire jusqu'à ce qu'ils soient tendres, environ 5 minutes.

2. Ajouter le curry en poudre et le lait de coco et mélanger. Laisser mijoter pendant quelques minutes pour que les saveurs se mélangent.

3. Verser la préparation de poireaux dans quatre ramequins individuels adaptés à l'Airfryer.

4. Casser un œuf dans chaque ramequin. Assaisonner avec du sel et du poivre.

5. Mettre les ramequins dans l'Airfryer et lancer la cuisson à 180 °C pendant 8 à 10 minutes, ou jusqu'à ce que les blancs soient cuits.

6. Ciseler un peu de persil par-dessus puis servir aussitôt.

Croque-monsieur

Pour
6 PERS.

Préparation
10 MIN

Cuisson
8 MIN

12 tranches de pain de mie
12 noix de beurre
6 tranches de jambon
6 tranches d'emmental
15 cl de béchamel
80 g de mozzarella râpée

1. Sur votre plan de travail, disposer la moitié des tranches de pain de mie. Ajouter une petite noix de beurre sur chaque tranche.
2. Ajouter les tranches de jambon. Les plier pour qu'elles puissent rentrer.
3. Disposer les tranches d'emmental puis refermer avec les secondes tranches de pain de mie.
4. Étaler de la béchamel sur chaque croque-monsieur et saupoudrer de mozzarella râpée.
5. Placer les croque-monsieur dans le panier de l'Airfryer 8 à 10 minutes à 180 °C.
6. Déguster bien chaud avec, par exemple, une salade.

PHILIP
180 °C

Patates douces hérisson, chorizo & emmental

Pour
4 PERS.

Préparation
10 MIN

Cuisson
30-50 MIN

4 petites patates douces ou 2 grosses
10 tranches fines de chorizo
10 tranches d'emmental
1 filet d'huile d'olive pour le dressage

1. Éplucher les patates douces puis les placer 6 minutes dans le panier de l'Airfryer si elles sont petites ou 12 minutes si elles sont grosses, à 150 °C.

2. Les sortir puis les placer sur une planche à découper. Placer deux baguettes sur les deux côtés les plus longs de la patate douce. Avec un couteau, entailler profondément les patates douces.

3. Découper en deux les fines tranches de chorizo et les tranches d'emmental.

4. Dans les entailles de la patate douce, placer en alternant les tranches de chorizo et les tranches d'emmental.

5. Placer les patates douces dans le panier de l'Airfryer et cuire 24 à 40 minutes à 160 °C.

6. Déguster bien chaud.

À noter : *Traditionnellement on ne fait pas de précuisson pour les légumes préparés façon hérisson (pomme de terre, courgette...) mais puisque la patate douce est un légume très dur, il est préférable de le faire pour faciliter les découpes.*

180°C
1
min

Viandes & volailles

Pilons de poulet & crème de parmesan

Pour
4 PERS.

Préparation
10 MIN

Repos
30 MIN

Cuisson
18 MIN

---

1 cuillerée à soupe de paprika
1 cuillerée à café de curcuma
2 cuillerées à soupe d'huile
10 à 12 pilons ou manchons de poulet
1 pincée de sel
1 pincée de poivre

Crème
20 cl de crème liquide
100 g de parmesan

1. Dans un bol, mélanger le paprika, le curcuma, l'huile, le sel et le poivre.

2. Placer les pilons de poulet dans le bol et mélanger pour qu'ils soient bien enrobés de la préparation.

3. Laisser mariner 30 minutes au frais (facultatif, mais permet un résultat plus savoureux).

4. Placer les pilons de poulet dans le panier de votre Airfryer et les cuire pendant 18 minutes, jusqu'à ce qu'ils soient bien dorés et croustillants.

5. Dans une casserole à feu moyen, ajouter la crème et le parmesan, et mélanger au fouet sans s'arrêter jusqu'à ce que la sauce épaississe.

6. Servir chaud, accompagné de crème de parmesan.

Rôti de dinde à la tapenade

Pour
4 PERS.

Préparation
10 MIN

Cuisson
40 MIN

200 g d'olives noires dénoyautées
1 cuillerée à soupe d'herbes de Provence
1 rôti de dinde d'environ 1,2 kg

Matériel
Sonde de cuisson

1. Dans un mixeur, placer les olives avec les herbes de Provence. Mixer jusqu'à l'obtention d'un mélange homogène.
2. Inciser la dinde profondément et garnir la préparation avec la tapenade.
3. Refermer la viande garnie et la ficeler.
4. Cuire 25 minutes à 170 °C dans le panier de l'Airfryer.
5. Retourner la viande et placer le thermomètre de l'Airfryer dans la partie la plus épaisse de la viande.
6. Poursuivre la cuisson jusqu'à ce que le thermomètre indique 160 °C à cœur. La cuisson peut durer de 20 à 30 minutes supplémentaires selon le poids de votre pièce de viande.
7. Laisser reposer 10 minutes au minimum avant de déguster.

Nems au poulet & aux légumes

Pour
4 PERS.

Préparation
10 MIN

Cuisson
20 MIN

---

50 g de vermicelles de riz
2 carottes
¼ de courgette
200 g de poulet haché
1 oignon haché finement
2 gousses d'ail finement hachées
2 cuillerées à soupe de sauce soja
1 cuillerée à soupe de sucre
1 cuillerée à soupe de vinaigre de riz
1 paquet de feuilles de riz pour nems

1. Faire cuire les vermicelles de riz selon les indications du paquet puis bien rincer.
2. Râper les carottes et la courgette et les essorer dans un linge propre pour en faire ressortir un maximum d'eau.
3. Dans un bol, mélanger le poulet, l'oignon et l'ail hachés, la sauce soja, le sucre, les légumes et le vinaigre de riz. Assaisonner avec du sel et du poivre, selon votre goût.
4. Placer une feuille de riz sur un plan de travail propre et humide. Plier la feuille en deux pour former un rectangle. Placer une petite quantité de la préparation de poulet au centre de la feuille.
5. Rouler la feuille en serrant bien pour former un rouleau. Répéter cette étape jusqu'à épuisement des matières premières.
6. Faire cuire 20 minutes à 200 °C sur une feuille de papier cuisson dans le panier de l'Airfryer.
7. Servir chaud avec de la sauce nuoc-mâm.

Boulettes de dinde à la suédoise

Pour
6 PERS.

Préparation
20 MIN

Cuisson
15 MIN

1 kg de dinde
70 g de chapelure
1 cuillerée à soupe de persil haché
¼ de cuillerée à café de noix de muscade
½ oignon émincé
½ cuillerée à café d'ail en poudre
1 œuf
1 cuillerée à soupe d'huile d'olive
½ cuillerée à café de sel

Sauce
75 g de beurre
50 g de farine
500 ml de bouillon de volaille
200 g de crème fraîche
1 cuillerée à soupe de sauce Worcestershire
1 cuillerée à café de moutarde de Dijon

1. Mixer la dinde puis la mélanger avec tout le reste des ingrédients.
2. Avec les mains mouillées, former des boulettes de la taille d'une balle de ping-pong.
3. Placer les boulettes dans le panier de l'Airfryer en essayant d'éviter qu'elles ne se touchent. Cuire 12 minutes à 180 °C.
4. Dans une casserole, faire fondre le beurre, ajouter la farine et dès que le mélange commence à brunir, délayer avec le bouillon à l'aide d'un fouet pour éviter les grumeaux.
5. Ajouter le reste des ingrédients en mélangeant régulièrement jusqu'à ce que la sauce épaississe.
6. Servir les boulettes avec la sauce.

Poulet rôti à l'ail & au citron

Pour
4 PERS.

Préparation
10 MIN

Cuisson
50 MIN

---

1 poulet de 1,2 kg
1 citron
2 branches de thym
2 feuilles de laurier
5 gousses d'ail
1 oignon émincé
1 cuillerée à soupe d'herbes de Provence
et d'huile d'olive pour le dressage
Sel

1. Frotter le poulet avec du sel, le rincer et l'essuyer.
2. Couper le citron en deux. À l'intérieur du poulet, verser le jus d'une moitié de citron et placer l'autre moitié, coupée en rondelles, avec le thym et le laurier. Ajouter aussi les gousses d'ail et l'oignon.
3. Ficeler le poulet avec de la ficelle de cuisine.
4. Placer le poulet dans le panier de l'Airfryer.
5. Lancer la cuisson pendant 50 minutes à 150 °C.
6. Déguster bien chaud.

Poulet satay, sucrine & citron vert

Pour
4 PERS.

Préparation
5 MIN

Repos
30 MIN

Cuisson
8 MIN

Poulet mariné
25 cl de lait de coco
1,5 cuillerée à café de curry en poudre
1 cuillerée à café de sauce nuoc-mâm
2 cuillerées à soupe de sauce soja
1 cuillerée à café de gingembre frais
4 échalotes
3 blancs de poulet

Sauce au beurre de cacahuètes
150 g de beurre de cacahuètes
2 cuillerées à soupe de jus de citron vert
2 cuillerées à soupe de tamarin
1 cuillerée à café de sauce sriracha
1 cuillerée à soupe de gingembre râpé

Service
2 sucrines
3 brins de coriandre
Quelques tranches de citron vert

1. Dans un récipient, mélanger tous les ingrédients de la marinade avec le poulet coupé en dés.

2. Laisser mariner au minimum 30 minutes.

3. Pour préparer la sauce au beurre de cacahuètes, mélanger tous les ingrédients jusqu'à l'obtention d'un mélange homogène. Ajouter un peu d'eau chaude si la sauce est trop épaisse. Elle doit avoir une consistance suffisamment onctueuse pour napper le poulet.

4. Déposer le poulet nappé en une seule couche dans le panier de l'Airfryer et cuire 8 minutes à 200 °C. Retourner à mi-cuisson.

5. Garnir les feuilles de sucrine avec quelques morceaux de poulet, saupoudrer d'un peu de coriandre et servir avec quelques tranches de citron vert.

Boulettes de porc, riz & coriandre

Pour
4 PERS.

Préparation
10 MIN

Cuisson
12 MIN

500 g de viande hachée de porc
1 oignon haché finement
1 gousse d'ail hachée
1 cuillerée à soupe de sauce soja
1 cuillerée à soupe de miel
1 cuillerée à soupe de vinaigre de riz
1 cuillerée à soupe de Maïzena
1 pincée de sel
1 pincée de poivre

Sauce
3 cuillerées à soupe de sauce soja
1 cuillerée à soupe de miel
1 cuillerée à soupe d'huile de sésame
1 cuillerée à café de Maïzena
1 cuillerée à soupe de graines de sésame

Service
Riz basmati
3 brins de coriandre

1. Dans un bol, mélanger la viande, l'oignon et l'ail hachés, la sauce soja, le miel, le vinaigre de riz, la Maïzena, le sel et le poivre.

2. Former des boulettes de la taille d'une noix avec la viande hachée.

3. Placer les boulettes de viande dans le panier de votre Airfryer.

4. Faire cuire les boulettes pendant 12 minutes à 190 °C, en les retournant à mi-cuisson, jusqu'à ce qu'elles soient bien dorées et croustillantes.

5. Pendant la cuisson, mélanger les ingrédients de la sauce jusqu'à ce que la préparation soit uniforme et la faire réduire dans une casserole pour qu'elle soit bien nappante. Rouler les boulettes dans la sauce.

6. Servir chaud, accompagné de riz et de coriandre.

Empanadas de porc à l'asiatique

Pour
6 PERS.

Préparation
10 MIN

Cuisson
12 MIN

200 g de porc haché
½ bouquet de coriandre
2 cuillerées à soupe de graines de sésame
2 cuillerées à soupe de sauce soja
1 cuillerée à café de gingembre en poudre
½ cuillerée à café d'ail en poudre
2 pâtes brisées
1 jaune d'œuf

1. Mélanger le porc avec la coriandre ciselée, une cuillerée à soupe de graines de sésame, la sauce soja, le gingembre, et l'ail en poudre. Réserver au frais.

2. Étaler les pâtes brisées puis, à l'aide d'un verre ou d'un emporte-pièce, découper des disques de pâte.

3. Avec une cuillère à soupe, garnir les disques de la préparation.

4. Replier et bien souder les bords.

5. Dorer avec le jaune d'œuf et saupoudrer de graines de sésame.

6. Placer les empanadas dans le panier de l'Airfryer recouvert de papier cuisson et enfourner 10 à 12 minutes à 180 °C.

Cordons bleus

Pour
4 PERS.

Préparation
10 MIN

Cuisson
15 MIN

1 œuf
100 g de chapelure
4 fines tranches de filet de poulet
4 tranches de jambon blanc
4 tranches d'emmental
1 cuillerée à soupe d'huile

1. Battre l'œuf dans un petit bol et mettre la chapelure dans un autre bol.

2. Aplatir au maximum les filets de poulet. Placer une tranche de jambon et une tranche de fromage sur chaque filet de poulet et replier. Fermer avec des cure-dents si besoin.

3. Plonger les cordons bleus dans l'œuf puis dans la chapelure, en veillant à bien en recouvrir toute la surface.

4. Placer les cordons bleus dans le panier de votre Airfryer recouvert d'huile.

5. Faire cuire pendant 15 minutes à 180 °C, en retournant les cordons bleus à mi-cuisson, jusqu'à ce qu'ils soient dorés et croustillants.

6. Servir chaud avec du riz et des haricots verts par exemple.

Tacos
de poulet

Préparation
10 MIN

Repos
30 MIN

Cuisson
15 MIN

---

600 g d'aiguillettes de poulet
1 cuillerée à soupe d'huile d'olive
2 cuillerées à soupe d'épices mélange mexicain
2 poivrons rouges
8 fajitas
200 g de guacamole
100 g de tomates cerises

1. Mélanger les aiguillettes de poulet avec l'huile d'olive et les épices de manière à recouvrir les aiguillettes.
2. Laisser mariner 30 minutes.
3. Dans le panier de l'Airfryer, mettre les aiguillettes et les poivrons coupés en lanières. Lancer la cuisson 15 minutes à 180 °C.
4. Servir les fajitas avec le guacamole et des tomates cerises.
5. Déguster aussitôt.

Aiguillettes de poulet pané au citron vert

Pour
4 PERS.

Préparation
10 MIN

Cuisson
15 MIN

---

12 aiguillettes de poulet
1 citron vert pressé
100 g de chapelure
1 cuillerée à soupe de poudre de coco
½ cuillerée à soupe de graines de sésame

1. Dans un bol, faire tremper les aiguillettes de poulet dans le jus de citron vert.
2. Dans un autre bol, mélanger la chapelure, la poudre de coco et les graines de sésame.
3. Rouler chaque aiguillette dans la chapelure.
4. Placer les aiguillettes dans le panier de l'Airfryer.
5. Frire les aiguillettes pendant 15 minutes, jusqu'à ce qu'elles soient croustillantes et dorées.

Rôti de porc façon saltimbocca

Pour
6 PERS.

Préparation
5 MIN

Cuisson
50 MIN

Repos
10 MIN

---

800 g de rôti de porc
6 tranches de jambon cru
½ bouquet de sauge

1. Recouvrir le rôti de porc avec le jambon cru en superposant légèrement les tranches de manière à recouvrir toute la viande.
2. Entre les tranches de jambon cru, intercaler des feuilles de sauge puis placer la préparation dans le panier de l'Airfryer.
3. Lancer la cuisson 40 minutes à 180 °C, puis 10 minutes à 150 °C.
4. Laisser reposer la viande 10 minutes à température ambiante avant de déguster avec un peu de poivre.

Rôti de bœuf à la moutarde & à l'oignon

Pour
6 PERS.

Préparation
5 MIN

Cuisson
25 MIN

700 g de rôti de bœuf
2 oignons rouges
1 cuillerée à soupe de moutarde
1 filet d'huile d'olive

Matériel
Sonde de cuisson

1. Sortir le rôti du frais 20 à 30 minutes avant de commencer la cuisson.
2. Émincer finement les oignons rouges.
3. Mélanger la moutarde à l'huile d'olive.
4. Napper le rôti avec la moutarde puis saupoudrer d'oignons rouges émincés.
5. Placer la viande dans le panier de l'Airfryer et enfourner 25 minutes à 175 °C pour une cuisson saignante.

À noter : *Vous pouvez aussi cuire la viande avec une sonde à enfoncer dans la viande. Dans ce cas, régler la température à atteindre à cœur à 54 °C pour une viande saignante, 57 °C pour une viande à point, et 68 °C pour une viande bien cuite.*

Escalopes à la milanaise

Pour
2 PERS.

Préparation
5 MIN

Cuisson
12 MIN

---

2 escalopes de veau
40 g de farine
1 œuf
40 g de parmesan râpé
40 g de chapelure
1 citron
Quelques copeaux de parmesan

1. Aplatir les escalopes pour qu'elles soient très fines.
2. Dans trois assiettes différentes, verser la farine, l'œuf battu et le mélange de parmesan râpé et de chapelure.
3. Tremper les escalopes dans la farine, puis dans l'œuf et pour finir dans la chapelure.
4. Placer la viande dans le panier de l'Airfryer, et cuire 12 minutes à 180 °C.
5. Déguster avec un peu de citron et des copeaux de parmesan.

Ribs rôtis aux épices

Pour
4 PERS.

Préparation
10 MIN

Temps de marinade
24 H

Cuisson
2 H

---

1 travers de porc (1,2 à 1,5 kg environ)

Marinade
2 cuillerées à soupe de cassonade
1,5 cuillerée à soupe de paprika
1 à 2 cuillerées à café de piment
1 cuillerée à soupe de cumin
1 cuillerée à soupe de curcuma
1 cuillerée à soupe de gingembre moulu
1 cuillerée à soupe de poivre moulu
1 cuillerée à café de sel
1 cuillerée à soupe de moutarde à l'ancienne

1. Couper le travers de porc en deux parties égales.
2. Mélanger tous les ingrédients et recouvrir les travers avec. Laisser mariner 24 heures.
3. Étaler de la moutarde sur les travers de porc.
4. Placer la viande dans le panier de l'Airfryer. Cuire 2 heures à 180 °C.

Poissons

Samoussas au thon & au curry

Pour
4 PERS.

Préparation
10 MIN

Cuisson
10 MIN

½ bouquet de persil ou de coriandre
150 g de fromage frais
150 g de thon nature en conserve
1 cuillerée à café de curcuma
1 cuillerée à café de curry
4 feuilles de brick

1. Ciseler finement le persil ou la coriandre.
2. Mélanger le fromage frais avec le thon, les épices et les herbes ciselées.
3. Couper les feuilles de brick en deux.
4. Garnir la feuille de brick et faire le pliage du samoussa.
5. Placer les samoussas dans le panier de l'Airfryer et cuire à 200 °C pendant 10 minutes.
6. Déguster chaud.

Crevettes panées au lait de coco & au citron vert

Pour
4 PERS.

Préparation
10 MIN

Repos
30 MIN

Cuisson
12 MIN

---

15 cl de lait de coco
1 citron vert pressé
100 g de chapelure
1 cuillerée à soupe de poudre de coco
½ cuillerée à soupe de cumin en poudre
½ cuillerée à soupe de paprika
½ cuillerée à soupe de graines de sésame
½ cuillerée à soupe de coriandre hachée
1 pincée de piment de Cayenne (facultatif)
500 g de crevettes, décortiquées et nettoyées
1 pincée de sel
1 pincée de poivre

1. Dans un bol, mélanger le lait de coco et le jus de citron vert. Assaisonner avec du sel et du poivre.

2. Dans un autre bol, mélanger la chapelure, la poudre de coco, le cumin, le paprika, les graines de sésame, la coriandre et le piment de Cayenne (si vous le souhaitez).

3. Plonger chaque crevette dans le mélange de lait de coco et de citron vert, puis laisser mariner 30 minutes.

4. Les rouler dans la chapelure.

5. Placer les crevettes dans le panier de l'Airfryer et ajouter un filet d'huile d'olive sur chaque crevette.

6. Frire les crevettes pendant 12 minutes, jusqu'à ce qu'elles soient croustillantes et dorées.

Saumon teriyaki

Pour
4 PERS.

Préparation
5 MIN

Cuisson
10 MIN

¼ de tasse de sauce teriyaki
1 cuillerée à soupe d'huile de sésame
1 cuillerée à soupe de graines de sésame
4 filets de saumon
Sel et poivre

Matériel
Sonde de cuisson

1. Dans un récipient, mélanger la sauce teriyaki, l'huile de sésame et les graines de sésame.
2. Saler et poivrer les filets de saumon.
3. Placer les filets de saumon dans le panier de l'Airfryer.
4. Verser la sauce teriyaki sur les filets de saumon puis saupoudrer de graines de sésame.
5. Faire cuire pendant 10 à 12 minutes à 200 °C, jusqu'à ce que le saumon soit cuit à votre goût.
6. Servir chaud avec l'accompagnement de votre choix.

Important : *Le temps de cuisson peut varier en fonction de l'épaisseur des filets de saumon et de votre préférence de cuisson (45 °C à cœur pour un mi-cuit). Il est recommandé de vérifier la température interne du saumon grâce à la sonde de l'Airfryer.*

Colin pané
avec sa sauce tzatziki

Pour
4 PERS.

Préparation
10 MIN

Repos
15 MIN

Cuisson
8 MIN

Poisson pané
2 œufs
50 g de farine
100 g de chapelure
4 filets de colin

Sauce tzatziki
1 concombre moyen, pelé et épépiné
125 g de yaourt grec nature
2 gousses d'ail hachées
1 cuillerée à soupe de vinaigre de vin blanc
1 cuillerée à soupe d'huile d'olive
1 cuillerée à soupe de persil haché

1. Battre les œufs puis les placer dans un bol. Dans un autre bol, placer la farine, et dans un autre la chapelure.

2. Rouler les filets de colin dans la farine puis dans les œufs battus puis dans la chapelure.

3. Lancer la cuisson dans le panier de l'Airfryer pendant 8 minutes à 180 °C.

4. Pendant ce temps, râper le concombre avec une râpe à gros trous et le placer dans une passoire. Saler légèrement et laisser reposer pendant environ 15 minutes, afin de drainer l'excès d'eau.

5. Dans un bol, mélanger le yaourt, l'ail, le vinaigre de vin blanc, l'huile d'olive et le persil. Assaisonner avec du sel et du poivre.

6. Essorer le concombre en le pressant fort pour enlever l'excès d'eau puis le sécher dans un linge propre. Ajouter le mélange de yaourt et bien mélanger.

7. Servir le colin avec le tzatziki et un peu de citron.

Calamars frits
à l'ail

Pour
4 PERS.

Préparation
10 MIN

Repos
30 MIN

Cuisson
10 MIN

---

500 g d'anneaux de calamars
Le jus de 1 citron
50 g de farine
3 cuillerées à soupe d'ail en poudre
2 œufs battus
1 pincée de sel
1 pincée de poivre

1. Placer les calamars avec le jus de citron, du sel et du poivre. Mélanger et laisser mariner 30 minutes.
2. Sécher les anneaux de calamars.
3. Mélanger la farine et l'ail en poudre.
4. Tremper les calamars dans la farine, puis dans les œufs et pour finir dans la farine.
5. Placer les calamars dans le panier de l'Airfryer en essayant d'éviter qu'ils ne se superposent.
6. Cuire 8 à 10 minutes à 200 °C.
7. Déguster avec un peu de persil et la sauce de votre choix.

Flétan pané au parmesan & au citron vert

Pour
4 PERS.

Préparation
10 MIN

Cuisson
9 MIN

Le jus et le zeste de 1 citron vert
3 brins de persil
50 g de panko
50 g de parmesan
4 filets de flétan
1 œuf battu

1. Zester le citron vert avec une râpe afin d'obtenir de fins copeaux. Mélanger avec le persil ciselé, le panko et le parmesan.

2. Tremper le poisson dans l'œuf battu puis dans le mélange.

3. Placer le poisson dans le panier de l'Airfryer et cuire 9 minutes à 180 °C.

4. Déguster bien chaud avec le jus du citron vert.

Galettes de saumon à l'aneth

Pour
4 PERS.

Préparation
10 MIN

Cuisson
8 MIN

500 g de pavés de saumon
1 citron vert
5 branches d'aneth
1 bonne cuillerée à soupe de gingembre frais haché
1 œuf
50 g chapelure

1. Émincer les pavés de saumon en très petits morceaux.
2. Zester le citron vert et extraire son jus. Ciseler l'aneth.
3. Mélanger tous les ingrédients, sauf la chapelure.
4. Former quatre galettes de tailles égales.
5. Rouler les galettes dans la chapelure et les placer dans le panier de l'Airfryer.
6. Cuire 8 minutes à 180 °C.

Fish and chips

Pour
4 PERS.

Préparation
10 MIN

Repos
30 MIN

Cuisson
30 MIN

Frites
400 g de pommes de terre spéciales frites
1 cuillerée d'huile d'olive

Poisson
1 œuf
25 g de farine
50 g de chapelure
2 filets de colin
1 pincée de sel et d'herbes de Provence pour le dressage

1. Éplucher et laver les pommes de terre.
2. Couper les pommes de terre en forme de frites. Les frites doivent être les plus régulières possible pour une cuisson homogène.
3. Les faire tremper dans de l'eau froide pendant 30 minutes environ.
4. Les essorer et mélanger l'huile d'olive aux frites.
5. Verser les frites dans le bac de votre Airfryer et lancer la cuisson 10 minutes à 160 °C.
6. Remuer les frites et poursuivre la cuisson 10 minutes à 180 °C. Veiller à mélanger, puis réserver.
7. Battre l'œuf puis le placer dans un bol. Dans un autre bol, placer la farine, et dans un autre la chapelure.
8. Rouler les filets de colin dans la farine puis dans l'œuf battu, et enfin dans la chapelure.
9. Ajouter le poisson dans le panier de l'Airfryer et lancer la cuisson pendant 8 minutes à 180 °C.

Muffins au saumon & baies roses

Pour
6 PERS.

Préparation
10 MIN

Cuisson
15 MIN

100 g de saumon fumé
½ bouquet d'aneth
100 g de farine
1 sachet de levure chimique
1 cuillerée à café de baies roses
1 œuf
125 g de fromage blanc
2 cuillerées à soupe d'huile

Matériel
Moules à muffins en silicone

1. Découper le saumon fumé en petits cubes.
2. Ciseler l'aneth finement.
3. Mélanger tous les ingrédients jusqu'à ce que le mélange soit homogène.
4. Remplir les moules à muffins en silicone aux trois quarts.
5. Placer les muffins dans le panier de l'Airfryer et enfourner 15 à 18 minutes à 180 °C.

Légumes & accompagnements

Haricots verts au tamarin & sésame

Pour
4 PERS.

Préparation
5 MIN

Cuisson
8 MIN

---

500 g de haricots verts
1 cuillerée à soupe d'huile de sésame
1 cuillerée à soupe de tamarin ou sauce soja
1 cuillerée à café de vinaigre de riz
2 gousses d'ail
2 cuillerées à soupe de graines de sésame

1. Équeuter puis laver les haricots verts.
2. Mélanger tous les ingrédients ensemble.
3. Placer les haricots dans le panier de l'Airfryer en une couche uniforme.
4. Cuire 7 à 8 minutes à 180 °C.

Frites de bananes plantain

Pour
4 PERS.

Préparation
20 MIN

Cuisson
20 MIN

---

3 bananes plantain
3 cuillerées à soupe d'huile d'arachide
1 pincée de sel

1. Éplucher et découper en tranches les bananes plantain. Vous pouvez les découper en diagonale pour la recette traditionnelle.

2. À l'aide d'un pinceau alimentaire, napper les tranches avec de l'huile.

3. Placer les bananes dans le panier sans les superposer : elles ont tendance à coller les unes aux autres. Cuire 10 minutes à 180 °C.

4. Retourner les tranches de bananes et poursuivre la cuisson 10 minutes à 180 °C.

5. Déguster bien chaud, en accompagnement par exemple.

Tofu rôti au soja & son riz de brocoli

Pour
2 PERS.

Préparation
10 MIN

Repos
30 MIN

Cuisson
11 MIN

200 g de tofu
2 cuillerées à soupe de sauce soja
1 cuillerée à soupe de miel
2 cuillerées à soupe d'huile de sésame
1 cuillerée à soupe de graines de sésame
1 cuillerée à soupe de sauce sriracha
1 pincée de gingembre moulu
1 tête de brocoli

Matériel
Moules à muffins en silicone

1. Placer le tofu entre deux feuilles de papier absorbant pour absorber toute l'humidité.

2. Pendant que le tofu égoutte, mélanger dans un récipient la sauce soja, le miel, l'huile et les graines de sésame, la sauce sriracha et le gingembre.

3. Découper le tofu en cubes et le mélanger dans la sauce de manière à le recouvrir complètement. Laisser mariner 30 minutes.

4. Mixer le brocoli grossièrement en retirant la queue, il doit avoir une texture de riz. Répartir le brocoli dans des moules à muffins en silicone.

5. Dans le panier de l'Airfryer, placer d'un côté les moules de brocolis et de l'autre le tofu mariné.

6. Cuire 11 minutes environ à 180 °C en remuant une à deux fois. Le tofu doit être légèrement croustillant et doré. Déguster aussitôt.

Aubergines rôties aux épices & sauce au yaourt

Pour
2 PERS.

Préparation
10 MIN

Cuisson
12 MIN

1 cuillerée à soupe d'huile d'olive
1 cuillerée à café de curcuma
1 cuillerée à café de curry
1 cuillerée à café d'ail en poudre
1 cuillerée à café de paprika
2 aubergines

Sauce
125 g de yaourt grec
1 cuillerée à café de moutarde
1 cuillerée à soupe d'huile d'olive
1 cuillerée à soupe de jus de citron
½ bouquet de coriandre

1. Dans un récipient, mélanger l'huile d'olive avec toutes les épices.
2. Couper les aubergines en deux dans le sens de la longueur. En faisant attention à ne pas la transpercer, inciser la chair en la quadrillant. Napper la chair de l'aubergine avec le mélange aux épices.
3. Placer les demi-aubergines côté peau sur le panier et les enfourner 12 minutes à 200 °C.
4. Pendant ce temps, mélanger le yaourt grec avec la moutarde, l'huile d'olive, le jus de citron et la coriandre ciselée.
5. Servir les aubergines avec la sauce et déguster.

Frites maison

Pour
4 PERS.

Préparation
10 MIN

Repos
30 MIN

Cuisson
30 MIN

800 g de pommes de terre spéciales frites
1 cuillerée d'huile d'olive
1 pincée d'herbes de Provence
1 pincée de sel

1. Éplucher et laver les pommes de terre. Couper les pommes de terre en forme de frites. Les frites doivent être les plus régulières possible pour une cuisson homogène. Faire tremper dans de l'eau froide pendant 30 minutes environ.

2. Essorer et mélanger l'huile d'olive aux frites. Verser les frites dans le bac de votre Airfryer et lancer la cuisson 10 minutes à 160 °C. Remuer les frites et poursuivre la cuisson 20 minutes à 180 °C. Veiller à mélanger à mi-cuisson.

3. Une fois les frites cuites, ajouter le sel et les herbes de Provence, mélanger et servir aussitôt.

Frites de patates douces au paprika

Pour
4 PERS.

Préparation
20 MIN

Repos
30 MIN

Cuisson
17 MIN

800 g de patates douces
3 cuillerées à soupe d'huile de tournesol
2 cuillerées à soupe de fécule de maïs
½ cuillerée à café de paprika doux
1 pincée de sel

1. Éplucher puis laver les patates douces. Les découper en frites de 1 cm de largeur maximum. Faire tremper les frites 30 minutes dans de l'eau.

2. Égoutter puis sécher les frites avec un linge propre.

3. Dans le fond d'un saladier, mélanger l'huile, la fécule et le paprika puis mélanger la préparation aux frites.

4. Quand les frites sont bien recouvertes, les disposer de manière uniforme dans le panier. Lancer la cuisson 10 minutes à 160 °C.

5. Bien mélanger et relancer 7 minutes à 180 °C. Saler avant de servir.

Fallafels

Pour
4 PERS.

Préparation
10 MIN

Cuisson
10 MIN

---

2 gousses d'ail hachées
1 oignon
1 petite botte de persil
½ bouquet de menthe
1 petite botte de coriandre
½ cuillerée à café de raz-el-hanout en poudre
1 cuillerée à café de cumin en poudre
400 g de pois chiches en conserve
1 sachet de levure chimique
1 cuillerée à soupe bien bombée de farine de blé
1 filet d'huile d'olive
1 cuillerée à café de sel

Sauce
200 g de fromage blanc
Le jus d'un demi-citron

1. Couper grossièrement l'ail et l'oignon épluchés.
2. Dans le bol d'un mixeur, placer toutes les herbes et mixer finement.
3. Ajouter le reste des ingrédients et mixer grossièrement : la préparation doit rester grumeleuse.
4. Avec les mains mouillées, former des boules de la taille d'une balle de ping-pong.
5. Placer les fallafels dans le panier de l'Airfryer et cuire 10 minutes à 180 °C.
6. Servir avec la sauce au fromage blanc.

Calzone 4 fromages

Pour
4 PERS.

Préparation
10 MIN

Cuisson
10 MIN

2 gousses d'ail
125 g de ricotta
50 g de mozzarella
50 g de cheddar
50 g de parmesan
1 pâte à pizza ronde
1 jaune d'œuf

1. Éplucher et dégermer les gousses d'ail. À l'aide d'un couteau, hacher finement les gousses.
2. Dans un récipient, mélanger la ricotta, l'ail finement ciselé, la mozzarella, le cheddar et le parmesan. Napper la grille de l'Airfryer avec de l'huile.
3. Garnir la moitié de la pâte à pizza avec la garniture, en laissant un contour libre de 3 cm.
4. Replier la pâte de manière à recouvrir entièrement la garniture et bien souder les bords. Placer la pâte sur la grille huilée.
5. Avec le jaune d'œuf, dorer le dessus de la calzone, et décorer si vous le souhaitez avec la lame d'un couteau. Placer la calzone dans l'Airfryer et lancer 10 minutes à 180 °C.

Nuggets de chou-fleur

Pour
6 PERS.

Préparation
15 MIN

Repos
30 MIN

Cuisson
15 MIN

---

1 grosse pomme de terre cuite
Les bouquets cuits de 1 chou-fleur de taille moyenne
2 œufs
125 g de cheddar râpé
100 g de farine
100 g de chapelure
3 cuillerées à soupe de graines de sésame blanc
1 filet d'huile végétale
½ cuillerée à café de sel

1. Dans un récipient, écraser à la fourchette la pomme de terre et les bouquets de chou-fleur. Il ne faut pas aller jusqu'à la purée, il faut garder de petits morceaux.

2. Ajouter les œufs, le cheddar et la farine et bien mélanger. Dès que la texture est homogène, laisser reposer 30 minutes au réfrigérateur.

3. Former des nuggets avec vos mains humides. Mélanger la chapelure et les graines de sésame et rouler les nuggets dans cette préparation. Placer les nuggets dans le bac de l'Airfryer et déposer un filet d'huile végétale.

4. Cuire 15 minutes à 190 °C. Assaisonner et déguster avec des sauces de votre choix.

Arancini aux petits pois

Pour
4 PERS.

Préparation
10 MIN

Repos
2 H

Cuisson
10 MIN

---

300 g de riz pour risotto cuit
50 g de parmesan râpé
50 g de petits pois cuits
½ cuillerée à café d'ail en poudre
1 cuillerée à café de persil ciselé
2 œufs battus
100 g de chapelure

1. Mélanger le riz cuit réchauffé avec le parmesan râpé, les petits pois, l'ail en poudre et le persil ciselé. Le parmesan doit fondre pour lier la préparation.
2. Une fois le mélange homogène, le placer dans un plat et laisser reposer au frais au moins 2 heures pour que la préparation soit bien froide.
3. Former des boules de la taille d'une balle de ping-pong et les rouler dans les œufs battus puis dans la chapelure. Il est préférable de faire une double panure.
4. Cuire dans le panier de l'Airfryer pendant 10 minutes environ à 200 °C. Retourner à mi-cuisson.
5. Les arancini se dégustent tiède ou chaud avec une salade par exemple.

Asperges balsamique & bacon

Pour
4 PERS.

Préparation
5 MIN

Repos
30 MIN

Cuisson
10 MIN

6 cuillerées à soupe de vinaigre balsamique
2 gousses d'ail
2 cuillerées à soupe d'huile d'olive
12 asperges
4 tranches de bacon

1. Mélanger le vinaigre balsamique, l'ail émincé et l'huile d'olive.
2. Dans un plat de l'Airfryer, ou dans un plat compatible à l'Airfryer, verser la préparation sur les asperges et laisser mariner 30 minutes.
3. Enrouler une tranche de bacon autour de trois asperges, et recommencer avec le reste de bacon et d'asperges.
4. Cuire 8 à 10 minutes à 200 °C.

Poêlée de champignons aux lardons

Pour
4 PERS.

Préparation
5 MIN

Cuisson
8 MIN

---

750 g de champignons de Paris
1 oignon
2 gousses d'ail
150 g de lardons
¼ de bouquet de persil

1. Découper les champignons en rondelles.
2. Couper l'oignon en petits cubes.
3. Mélanger les champignons, l'ail émincé, les lardons et l'oignon.
4. Cuire 8 minutes à 200 °C.
5. Ajouter le persil ciselé et déguster aussitôt.

Frites d'aubergines

Pour
4 PERS.

Préparation
20 MIN

Cuisson
17 MIN

---

2 grosses aubergines
2 cuillerées à soupe de fécule de maïs
2 œufs battus
100 g de chapelure
1 pincée de sel

1. Découper les aubergines en forme de frites.
2. Saupoudrer de fécule de maïs et bien mélanger.
3. Tremper les frites dans les œufs battus puis dans la chapelure.
4. Quand les frites sont bien recouvertes, les disposer de manière uniforme dans le panier de l'Airfryer. Lancer la cuisson 10 minutes à 160 °C.
5. Bien mélanger et relancer la cuisson 7 minutes à 180 °C.

Pommes de terre farcies à la viande & à la raclette

Pour
4 PERS.

Préparation
20 MIN

Cuisson
40 MIN

---

4 grosses pommes de terre

Farce
4 champignons de Paris
¼ de bouquet de persil
1 gousse d'ail
4 tranches de fromage à raclette
300 g de chair à saucisse
1 pincée de piment d'Espelette

1. Après avoir lavé les pommes de terre, les placer dans le panier de l'Airfryer et lancer la cuisson pour 20 minutes à 180 °C.
2. Pendant ce temps, couper en petits cubes les champignons, émincer le persil et la gousse d'ail. Couper le fromage à raclette.
3. Mélanger tous les ingrédients de la farce.
4. Découper le tiers supérieur des pommes de terre et creuser l'intérieur des pommes de terre en faisant attention à ne pas percer le contour. Garder la chair pour une autre recette, ou pour épaissir votre prochaine soupe.
5. Garnir les pommes de terre avec la farce et poursuivre la cuisson pendant 20 minutes à 180 °C.
6. Servir aussitôt.

Arancini au chou-fleur & au bacon

Pour
4 PERS.

Préparation
10 MIN

Cuisson
18 MIN

6 tranches de bacon
1 chou-fleur moyen
1 cuillerée à soupe d'herbes de Provence
50 g de parmesan
50 g de fromage frais
30 g de chapelure

Panure
2 œufs
100 g de chapelure

1. Placer les tranches de bacon dans l'Airfryer et faire cuire à 180 °C pendant 8 minutes. Découper en petits morceaux. Réserver.

2. Râper ou mixer le chou-fleur jusqu'à ce qu'il ait une consistance de riz.

3. Égoutter le chou-fleur pour en extraire toute l'eau. Mélanger tous les ingrédients puis former des boules de la taille d'une balle de ping-pong.

4. Battre les œufs. Rouler les boules dans les œufs battus puis dans la chapelure.

5. Cuire 10 minutes à 180 °C dans le panier de l'Airfryer.

Choux de Bruxelles rôtis & parmesan

Pour
4 PERS.

Préparation
5 MIN

Repos
10 MIN

Cuisson
7 MIN

---

500 g de choux de Bruxelles nettoyés
2 cuillerées à soupe d'huile d'olive
1 pincée de piment d'Espelette
1 cuillerée à soupe de vinaigre balsamique
1 cuillerée à soupe de copeaux de parmesan
1 pincée de sel

1. Dans un saladier, mélanger tous les ingrédients ensemble, sauf les copeaux de parmesan. Laisser mariner 10 minutes.
2. Cuire 7 minutes à 160 °C. Mélanger à mi-cuisson.
3. Ajouter les copeaux de parmesan et déguster aussitôt.

Brocolis au cheddar & aux lardons

Pour
4 PERS.

Préparation
10 MIN

Cuisson
27 MIN

2 têtes de brocolis
1 filet d'huile d'olive
100 g de lardons
50 g de cheddar râpé

1. Découper les bouquets des brocolis. Les mélanger avec un filet d'huile d'olive. Placer les brocolis dans le panier de l'Airfryer et cuire 15 minutes à 140 °C.

2. Dans un petit plat compatible à l'Airfryer, placer les bouquets de brocolis en les mélangeant avec les lardons. Saupoudrer de cheddar râpé.

3. Enfourner 12 minutes à 150 °C.

Desserts, pains & viennoiseries

Pain bagel allégé au yaourt grec

Pour
8 PERS.

Préparation
20 MIN

Cuisson
17 MIN

280 g de farine semi-complète
½ sachet de levure chimique
400 g de yaourt grec
1 cuillerée de graines de sésame
1 pincée de sel

1. Dans un bol, mélanger la farine avec la levure chimique et une pincée de sel. Ajouter ensuite le yaourt grec et mélanger jusqu'à l'obtention d'une texture homogène.

2. Sur un plan de travail fariné, pétrir la pâte 3 à 5 minutes pour lui donner de la force. La pâte doit devenir légèrement élastique.

3. Diviser la pâte en huit morceaux égaux, et leur donner une forme de bagel.

4. Placer les bagels par 2, 4 ou 6 selon leur taille sur la grille du panier de l'Airfryer sans les empiler. Saupoudrer avec les graines. Cuire 16 à 18 minutes à 140 °C.

5. Déguster tiède, chaud ou froid.

Cinnamon rolls

Pour
8 PERS.

Préparation
20 MIN

Repos
2 H

Cuisson
15 MIN

Pâte
1 sachet de levure de boulanger déshydratée
23 cl de lait tiède
95 g de sucre
600 g de farine
2 œufs
80 g de beurre fondu

Garniture
220 g de vergeoise ou de cassonade
80 g de beurre mou
1 grosse cuillerée à soupe de cannelle

Glaçage
200 g de sucre glace
50 g de beurre mou
100 g de cream cheese

Matériel
Moule en silicone

1. Dissoudre la levure dans le lait tiède avec le sucre.
2. Dans un récipient, mélanger la farine avec les 2 œufs, puis ajouter le lait mélangé à la levure, et enfin le beurre fondu.
3. Une fois la préparation homogène et lisse, former une boule, la couvrir avec un linge propre et la laisser reposer 1 heure dans un endroit légèrement chaud.
4. Pendant ce temps, préparer la garniture en mélangeant tous les ingrédients jusqu'à l'obtention d'une texture homogène.
5. Étaler la pâte assez finement sur le plan de travail fariné, puis étaler dessus la préparation précédente.
6. Rouler bien serré puis découper des tranches de 3 à 4 cm d'épaisseur.
7. Laisser reposer 1 heure à température ambiante et placer les cinnamon rolls sur la grille de l'Airfryer ou dans un moule en silicone.
8. Lancer la cuisson 15 minutes à 200 °C.
9. Battre ensemble les éléments du glaçage et l'ajouter sur les cinnamon rolls dès qu'ils sont bien dorés.

Muffins citron myrtille

Pour
12 MUFFINS

Préparation
10 MIN

Cuisson
18 MIN

365 g de farine
1 sachet de levure chimique (11 g)
Le zeste de 1 citron non traité
2 œufs
150 g de sucre
25 cl de lait demi-écrémé
10 cl d'huile végétale
250 g de myrtilles fraîches ou surgelées
1 pincée de sel

Matériel
Moules à muffins en silicone

1. Mélanger la farine, la levure, le sel et le zeste râpé du citron.
2. Battre les œufs avec le sucre jusqu'à l'obtention d'un mélange très mousseux qui a doublé de volume.
3. Ajouter le reste des ingrédients, à part les myrtilles, et mélanger jusqu'à obtenir une texture homogène.
4. Ajouter les myrtilles et mélanger délicatement. Placer la préparation dans des moules à muffins en silicone.
5. Enfourner dans le panier de l'Airfryer 15 à 18 minutes à 160 °C.
6. Déguster tiède ou froid.

Crumble pomme myrtille & citron

Pour
4 PERS.

Préparation
10 MIN

Cuisson
15 MIN

4 pommes
100 g de myrtilles fraîches
2 cuillerées à soupe de jus de citron
100 g de farine
100 g de sucre
100 g de beurre froid, coupé
en petits morceaux
Le zeste d'un citron râpé
1 pincée de sel

Matériel
Plat à four ou accessoire de cuisson Airfryer

1. Éplucher et couper les pommes en petits morceaux et les mettre dans un récipient. Ajouter les myrtilles, le jus de citron et le sel. Bien mélanger.

2. Dans un autre bol, mélanger la farine, le sucre, le beurre froid ainsi que le zeste de citron râpé jusqu'à ce que le mélange ressemble à des miettes.

3. Verser la préparation de pommes et myrtilles dans un plat allant dans l'Airfryer. Répartir le mélange à base de farine et de beurre sur le dessus.

4. Faire cuire à l'Airfryer à 180 °C pendant 15 minutes ou jusqu'à ce que le dessus soit doré et les pommes tendres.

5. Servir chaud ou tiède avec, pourquoi pas, de la glace à la vanille.

Cookies 3 chocolats

Pour
4 PERS.

Préparation
5 MIN

Cuisson
9 MIN

125 g de beurre mou
90 g de cassonade
1 œuf
250 g de farine
½ sachet de levure chimique
1 cuillerée à soupe de miel
1 cuillerée à soupe d'extrait de vanille
125 g de pépites chunks de chocolat noir, lait et blanc

1. Battre le beurre et la cassonade jusqu'à l'obtention d'une crème.
2. Ajouter l'œuf et mélanger.
3. Ajouter le reste des ingrédients et mélanger rapidement : la pâte doit être homogène.
4. Former des boules de pâte.
5. Sur le panier de l'Airfryer recouvert de papier cuisson, déposer les boules pour qu'elles soient assez espacées.
6. Cuire 9 minutes à 200 °C.
7. Laisser tiédir avant dégustation.

Ananas miel cannelle

Pour
4 PERS.

Préparation
5 MIN

Cuisson
18 MIN

---

1 ananas
1 cuillerée à soupe de miel
Le jus de 1 citron vert
½ cuillerée à café de cannelle

1. Éplucher l'ananas et retirer un maximum d'yeux sur la chair de l'ananas.
2. Mélanger le miel, le jus de citron vert, et la cannelle.
3. Napper l'ananas avec la préparation à l'aide d'un pinceau alimentaire.
4. Placer l'ananas dans le panier de l'Airfryer.
5. Cuire 18 minutes à 180 °C, en retournant à mi-cuisson. S'il reste de la préparation au miel, en remettre à mi-cuisson.
6. Déguster tiède avec une boule de glace à la vanille par exemple, ou froid tel quel.

Muffins banana bread

Pour
4 PERS.

Préparation
5 MIN

Cuisson
18 MIN

180 g de farine
1 sachet de levure chimique (11 g)
4 bananes
2 œufs
40 g de cassonade
Le zeste d'un citron non traité
40 g de pépites de chocolat

Matériel
Moules à muffins en silicone

1. Mélanger la farine et la levure.
2. Écraser 3 bananes à l'aide d'une fourchette, puis les mélanger aux œufs et à la cassonade.
3. Ajouter le reste des ingrédients, et mélanger jusqu'à obtenir une texture homogène.
4. Placer la préparation dans des moules à muffins en silicone. Ajouter par-dessus un morceau de banane et un peu de cassonade.
5. Enfourner 14 à 18 minutes à 160 °C.
6. Déguster tiède ou froid.

Donuts
au chocolat

Pour
4 PERS.

Préparation
10 MIN

Cuisson
15 MIN

---

150 g de beurre
200 g de chocolat noir
5 œufs
100 g de farine
125 g de sucre glace
1 sachet de levure chimique

Matériel
Moules à donuts

1. Au bain-marie, faire fondre le beurre et le chocolat dans un récipient.
2. Ajouter les œufs, un par un, en attendant qu'ils soient incorporés l'un après l'autre.
3. Ajouter la farine et le sucre glace, la levure chimique et mélanger jusqu'à ce que le mélange soit bien homogène.
4. Verser la préparation dans des moules à donuts ou dans un plat de taille adaptée pour votre Airfryer.
5. Cuire 10 minutes à 180 °C pour des petits donuts et 15 minutes pour des grands.

Cheesecake aux 2 citrons

Pour
4 PERS.

Préparation
10 MIN

Cuisson
25 MIN

---

150 g de biscuits spéculoos
50 g de beurre fondu
2 citrons jaunes (jus et zeste)
2 citrons verts (jus et zeste)
250 g de cream cheese
150 g de sucre en poudre
3 œufs
60 g de farine

1. Écraser les biscuits spéculoos en fine chapelure et les mélanger avec le beurre fondu.
2. Presser le jus d'un citron jaune et d'un citron vert et les zester.
3. Dans un bol, fouetter le cream cheese, le sucre en poudre, les œufs, le jus et les zestes de la moitié des citrons jaunes et verts. Ajouter la farine tamisée et mélanger jusqu'à obtention d'un mélange homogène.
4. Verser la préparation sur le fond de tarte fait de spéculoos et enfourner dans l'Airfryer à 160 °C pendant 20 à 25 minutes ou jusqu'à ce que le cheesecake soit ferme au toucher.
5. Décorer avec quelques fines tranches de citrons jaunes et verts.
6. Laisser refroidir avant de servir.

Roulé aux pommes

Pour
4 PERS.

Préparation
10 MIN

Cuisson
20 MIN

---

4 pommes
2 cuillerées à soupe de sucre en poudre
1 citron
1 pâte feuilletée
2 cuillerées à soupe de beurre fondu
1 cuillerée à soupe de cassonade

1. Éplucher et couper les pommes en deux puis en fines lamelles à l'aide d'une mandoline.

2. Dans une casserole remplie d'eau bouillante, ajouter le sucre, le jus et le zeste du citron et cuire 8 minutes.

3. Étaler la pâte feuilletée sur un plan de travail fariné et la couper en forme de bandes de la largeur de 3 à 4 doigts.

4. Égoutter les pommes et les disposer en ligne en les faisant se chevaucher légèrement sur la bande de pâte feuilletée. Replier la pâte pour « enfermer » les pommes dans la pâte. Rouler la préparation pour donner une forme de fleur.

5. Disposer les roulés sur une plaque à pâtisserie recouverte de papier cuisson. Napper les roulés avec le beurre fondu et saupoudrer de cassonade. Enfourner dans l'Airfryer pendant 11 à 12 minutes à 180 °C jusqu'à ce que les roulés soient dorés.

6. Laisser refroidir avant de servir.

Boule de pain

Pour
4 PERS.

Préparation
10 MIN

Repos
1 H 30

Cuisson
20 MIN

---

500 g de farine
7 g de levure de boulanger fraîche
7 g de sel

1. Dans un grand bol, mélanger la farine, le sel et la levure. Ajouter 350 ml d'eau tiède et mélanger jusqu'à ce que la pâte se forme.

2. Pétrir pendant environ 10 minutes jusqu'à ce que la pâte devienne élastique et se détache facilement des bords du bol.

3. Placer la pâte dans un bol légèrement huilé, la couvrir d'un linge propre et la laisser reposer pendant 1 heure dans un endroit chaud. Fariner un peu le dessus de la boule.

4. Former une boule de pain sur un morceau de papier cuisson. Laisser lever pendant 30 minutes.

5. Préchauffer l'Airfryer à 200 °C.

6. Mettre la boule de pain dans l'Airfryer et cuire pendant 20 à 25 minutes jusqu'à ce qu'elle soit dorée.

7. Laisser refroidir sur une grille avant de servir.

Frites de pommes au quatre-épices

Pour
4 PERS.

Préparation
5 MIN

Cuisson
22 MIN

4 pommes
1 cuillerée à soupe de jus de citron
1 cuillerée à soupe de cassonade
½ cuillerée à café de quatre-épices

1. Laver les pommes et les éplucher si elles ne sont pas bio.
2. Retirer le trognon des pommes et les découper en forme de frites.
3. Mélanger les frites au jus de citron, à la cassonade et au quatre-épices.
4. Cuire 12 minutes à 180 °C. Retourner les frites.
5. Poursuivre la cuisson 10 minutes.

Moelleux au chocolat

Pour
4 PERS.

Préparation
10 MIN

Cuisson
10 MIN

---

200 g de chocolat noir
100 g de beurre
150 g de sucre en poudre
3 œufs
75 g de farine
½ sachet de levure chimique

Matériel
Moules à muffins en silicone ou moule à cake

1. Dans un récipient, faire fondre le chocolat et le beurre au bain-marie ou au micro-ondes.

2. Ajouter le sucre en poudre et les œufs, et mélanger jusqu'à obtention d'un mélange homogène.

3. Ajouter la farine et la levure, et mélanger jusqu'à ce qu'il n'y ait plus de grumeaux.

4. Verser la préparation dans des moules à muffins en silicone ou dans un moule à cake adapté à votre appareil Airfryer et enfourner à 180 °C pendant 10 minutes.

5. Laisser tiédir avant de déguster.

Chips de pommes à la cannelle

Pour
4 PERS.

Préparation
5 MIN

Cuisson
22 MIN

4 pommes
1 pincée de cannelle

1. Laver les pommes et les éplucher si elles ne sont pas bio.
2. Retirer le trognon des pommes et les découper en fines tranches. Les disposer sur une plaque à pâtisserie recouverte de papier cuisson. Saupoudrer de cannelle.
3. Enfourner dans l'Airfryer pendant 12 minutes à 180 °C. Retourner les chips.
4. Poursuivre la cuisson 10 minutes.

Annexes

Table des recettes

Index

Index

Idées de menus

Remerciements

Je remercie les éditions Marabout et Philips, et plus particulièrement Christine et Laurence, pour la confiance accordée pour ce livre.

Un gros bisou à ma moitié qui s'est délecté de tous les essais nécessaires à la réalisation de ce livre. Je t'aime plus que tout.

Un grand merci à la famille Guedès pour les magnifiques photos et pour leur éternelle sympathie. Vous êtes des coéquipiers en or.

Une bise à ma mère qui va sans aucun doute utiliser très régulièrement ce livre.

Retrouvez mes recettes, mes nouveaux livres et plein de contenu gourmand sur **Instagram** @guillaume.marinette, sur **TikTok** @guillaumemarinette ou sur **Youtube** Histoire de se régaler.

Et surtout, merci à tous mes lecteurs, occasionnels ou fidèles qui me permettent de vivre de ma passion : vous régaler.

58, rue Jean-Bleuzen,
92178 Vanves Cedex

Mise en pages et relecture : EliLoCom

Crédits photographiques : Valéry Guédès
exceptées les pages 10-11, 14 et 178-179 : © Philips

3847636
ISBN : 978-2-501-17720-7
Dépôt légal : Avril 2023
Achevé d'imprimer en France en avril 2024 chez Pollina - 49834

PAPIER À BASE DE FIBRES CERTIFIÉES

MARABOUT
s'engage pour l'environnement en réduisant l'empreinte carbone de ses livres.
Celle de cet exemplaire est de :
2 kg éq. CO_2
Rendez-vous sur
www.marabout-durable.fr